PHILOSOPHIE

DE LA

RÉPUBLIQUE

OU

EXPOSITION DES PRINCIPES RÉPUBLICAINS

D'APRÈS LA RAISON PURE

> Dieu seul est grand et le peuple est son prophète.
>
> *Vox populi, vox Dei.*

Par HUSSON

Disciple de Schelling, professeur au lycée national de Caen.

PARIS
LIBRAIRIE PHILOSOPHIQUE DE LADRANGE
Quai des Vieux-Augustins, 19

1848

PHILOSOPHIE DE LA RÉPUBLIQUE

Après la glorieuse victoire que, grâce à son héroïsme, le peuple de Paris vient de remporter sur le despotisme et l'arbitraire, une ère nouvelle de liberté a commencé pour la France, et nous osons même dire pour le monde entier.

Tous les citoyens sont rentrés en possession de leurs imprescriptibles droits ; l'évangile de la raison pure est enfin politiquement proclamé; le mystère du temps s'explique par ces trois mots : liberté, égalité, fraternité ; toutes les nations tressaillent d'allégresse, puissent-elles ne plus être déçues dans leurs espérances !…

Les illustres citoyens, membres du gouvernement provisoire, ces véritables pères de la patrie ayant courageusement proclamé la république, aboli d'un seul coup le fétichisme politique non moins funeste que l'idolâtrie religieuse, et fait appel au patriotisme de tous les citoyens pour s'aider de leur concours et s'éclairer de leurs lumières dans la tâche sublime, mais difficile, qu'au nom du peuple ils ont pris sur eux de mener à bonne fin, nous venons déposer notre offrande sur l'autel de la patrie.

L'immortelle révolution de février, en changeant la base sur laquelle était assise la société toute entière, en mettant l'intérêt général à la place de l'intérêt privé, a dû naturellement produire une commotion profonde et un déplacement général aussi bien dans les idées que dans les choses. Le premier effet de cet ébranlement subit a été d'exciter chez les uns la joie, l'enthousiasme, peut-être aussi des prétentions exagérées ou même des espérances perverses. Chez d'autres, au contraire, dont les intérêts, les principes ou l'amour propre se trouvent particulièrement froissés, il a dû faire naître le sentiment plus ou moins déguisé d'une haine implacable.

Dans un tel état de choses, au milieu des craintes fondées ou non, des préjugés invétérés, du doute et de l'incertitude qui, en paralysant le crédit, semblent peser sur les esprits même les plus résolus ; en présence des ennemis extérieurs des princes absolus, dont le principe vient de périr si misérablement en France, et surtout en face des ennemis intérieurs de la république, des sophistes, de ces maîtres dangereux qui criaient encore naguère à leurs nombreux disciples, du haut de leurs chaires : enrichissez-vous, tenez l'une ou l'autre conduite, ou bien encore soyez souples, ne vous attachez à aucun système, mais adoptez l'un ou l'autre, suivant les circonstances ; en présence, dis-je, de tels hommes, sans conviction, sans principes, dont l'intérêt particulier et l'ambition sont l'unique mobile, qui par cela même ont été chez tous les peuples, à toutes les époques, et seraient encore aujourd'hui, si on leur laissait le champ libre, des instruments de corruption et des fauteurs d'absolutisme, il ne suffit pas que la question de la république ait été tranchée en fait, il faut encore qu'elle le soit en droit devant le tribunal suprême et infaillible de la raison humaine ; il faut, en un mot, que la question de principe soit franchement abordée et radicalement approfondie, afin que ce point essentiel et pour ainsi dire central brille aux yeux de tous de la plus vive et de la plus pure lumière, celle de la vérité. La liberté a eu ses martyrs, il est nécessaire maintenant qu'elle ait ses apôtres. Or, la vraie philosophie qui se distingue de la sophistique comme le vrai diamant se distingue du faux, peut seule suffire à cette tâche. C'est la philosophie qui a préparé l'avénement de la république; celle-ci n'en est que la fille. Ceux qui prétendent que la philosophie doit rester étrangère à la politique ne prouvent qu'une chose, c'est qu'ils ne comprennent ni l'une ni l'autre, puisque l'une et l'autre reposent sur le même principe, la vérité.

Il est donc, à mon avis, absolument indispensable que la république, pour rétablir par la seule force de la vérité la confiance si nécessaire au crédit, ait un organe philosophique de la plus grande énergie qui, s'armant de toute la puissance et s'élevant à toute la hauteur de la raison, dissipe tous les doutes, détruise tous les sophismes, éclaire en un mot les uns et prouve aux autres qu'en persévérant dans leur hostilité au principe républicain, ils se rendent coupables du crime de haute trahison, non seulement envers leur patrie, mais encore envers la civilisation et l'humanité tout entière.

Toute la question de principe peut se ramener aux huit propositions suivantes : 1° le principe républicain est le seul vrai; 2° le seul légitime; 3° le seul social; 4° le seul progressif; 5° le seul philosophique; 6° le seul scientifique; 7° le seul artistique; 6° enfin le seul vraiment religieux.

Nous ne pouvons naturellement ici qu'indiquer sommairement les principes généraux qui doivent servir de base à la démonstration de chacune de ces propositions, en laissant de côté tout détail purement accessoire.

Ce qui est nécessaire, avant tout, ce sont des principes purs, des idées pures. Nous entendons dire de toutes parts : plus de théorie, c'est de la pratique, ce sont des faits qu'il nous faut. Eh bien ! nous disons, nous, que la théorie précède nécessairement la pratique. Le bon sens seul l'indique. Est-ce que l'on peut faire un habit sans en avoir pris d'abord la mesure? Est-ce que l'on peut bâtir une maison sans en avoir tracé d'abord le plan? Sans doute on peut le faire ; mais alors il y a cent à parier contre un que l'habit sera mal fait, que la maison sera mal construite, et que l'on sera obligé de défaire ce que l'on avait fait sans règle et sans mesure. Ainsi, ne séparons jamais la théorie de la pratique, car celle-ci n'est bonne, n'est vraie qu'autant qu'elle est conforme à une théorie bonne, à une théorie vraie. Conformité de la pratique et de la théorie, voilà la vérité. En dehors de ce principe, il n'y a que mensonge, déception, duperie. Voilà pourquoi nous disons arrière les hommes du lendemain, qui aujourd'hui vous disent blanc et demain noir. Malgré leurs protestations hypocrites, nous soutiendrons toujours que ce sont des hommes sans convictions, qui changent de principes aussi facilement qu'ils changent de chapeau ou de gants. Napoléon l'a dit, et son expérience a bien quelque autorité, nous le croyons du moins : les blancs seront toujours blancs et les bleus seront toujours bleus. Comment n'ont ils pas honte, ces hommes à double face, ces endormeurs, de nous dire aujourd'hui : Sans notre concours, vous n'auriez pas la république. Eh bien, en 1830, lorsque nous voulions la proclamer, qui donc est venu nous vanter la nécessité, les bienfaits de la monarchie ? Ce sont encore ces mêmes hommes, ces avocats soi-disant désintéressés, ce sont eux qui l'ont soutenue dans tous ses excès, dans la haine qu'elle avait vouée à la république, à la liberté et au peuple. Qui a touché les gros traitements, partagé le budget, ruiné les finances ? Ce sont ces mêmes hommes différents entre eux, il est vrai, par les nuances d'une opposition plus ou moins prononcée, mais unis dans le principe, source de toute corruption, par conséquent solidaires les uns des autres, nous voulons dire dans le principe de la royauté, de la dynastie qu'ils n'ont cessé de défendre. Huit siècles de monarchie, disent-ils, ont bien pu faire leur éducation. En vérité, rien n'a pu leur dessiller les yeux et les faire renoncer à leurs fictions constitutionnelles ; ni 93, ni l'empire, ni la restauration, ni 1830, ni dix-sept ans de corruption, ni même la révolution de février, car, jusqu'au dernier moment, ils ont encensé leur idole, celle de la régence ; ce n'est qu'après que le peuple la leur a eu arrachée des mains pour la briser sans retour qu'ils disent avoir vu clair et reconnu les avantages, la nécessité de la république. Eh bien ! nous soutenons qu'une conversion aussi subite est justement suspecte. On ne change pas ainsi de principes du jour au lendemain ; le temps des miracles est passé. Nous disons plus, c'est de l'impudence. Comment ! d'ennemis avoués de la république s'en faire les apôtres et demander qu'on les croie sur parole ; mais c'est le comble de l'extravagance. Non, vous n'êtes pas les amis sincères de la république et vous ne pouvez l'être tant que vous n'aurez donné d'autres preuves de dévouement que de vaines protestations et des mots sonores. Vous avez le miel sur les lèvres, mais le fiel est au fond de votre cœur. Lisez les journaux ci-devant dynastiques : l'amertume, le dépit y percent à chaque mot : tantôt c'est le roi de Piémont que l'on encense aux dépens de la république ; tantôt ce sont les républicains éprouvés que l'on dénonce au public sous le nom de niveleurs, d'anarchistes, d'ultra ; quant à soi, on se réserve tous les honneurs : la sagesse, la prudence, la vérité, la vertu, on ne veut être l'objet d'aucune attaque. O hommes du juste milieu ! pourquoi donc vous emporter contre ceux qui ont plus de droits que vous au respect du peuple dont ils ont toujours été les véritables défenseurs, du peuple qui a reconnu ses amis, qui les a proclamés au milieu de la lutte ses représentants ? Nous allons vous le dire pourquoi ; c'est que votre ambition, votre amour propre, sont profondément blessés, c'est que la soif du pouvoir qui vous dévore, ne peut plus s'étancher. Le peuple vous a mis un frein et il le serre cefrein ; voilà pourquoi vous vous cabrez , vous vous agitez en tout sens. Mais calmez-vous , soyez tranquilles, pas tant d'enthousiasme du lendemain, le peuple a les poings solides , et en dépit de tous vos soubresauts , il saura bien vous mener droit au but.

Nous reprenons notre première proposition. Le principe républicain est le seul vrai , car il est le principe universel ou le bien de tous : Or , en dehors du principe universel , il est absolument impossible d'en concevoir un autre qui lui soit supérieur ou même égal. En effet , l'universel , c'est le tout, et le tout , en tant qu'il comprend le tout , n'a rien qui puisse être au-dessus de lui-même ni lui être égal ; car il est évident que le tout seul peut être égal au tout · donc tout le reste est subordonné à l'universel et ne saurait avoir de vérité que par ce dernier principe , donc le principe républicain est le seul essentiellement vrai.

2º Il est le seul légitime. En effet, la république c'est la chose publique ; le bien de tous ; or le bien de tous ne saurait jamais être le bien d'un seul , de même que le tout ne peut être la partie, n'étant égal qu'à lui-même. Il est manifeste pour tous que la seule forme universelle peut seule représenter le principe universel ; ici le fond implique la forme , et la forme réclame le fond. Donc la royauté , en tant qu'elle se résume en un seul individu , ne saurait représenter le tout social , sous quelque forme que ce soit ; elle constitue donc par sa nature et sa forme qui est l'individuelle , une injustice flagrante , un mensonge perpétuel , une usurpation du droit commun. Elle peut être momentanément nécessaire comme moyen de transition chez les nations barbares ou à moitié civilisées ; mais en droit , jamais elle n'est légitime.

Et lorsque l'âge de raison est arrivé pour un peuple, quand l'heure de son émancipation a sonné , il faut de toute nécessité que la monarchie absolue , constitutionnelle ou fictive , n'importe le masque dont elle se couvre, s'efface devant la seule souveraineté légitime, la souveraineté du peuple, laquelle à son tour ne saurait avoir de forme légitime qu'elle même, c'est-à-dire la forme républicaine, le suffrage universel, la volonté de tous.

3° Il est le seul principe social. En effet, le principe républicain c'est l'intérêt général qui est l'intérêt ou la pure volonté de tous les citoyens. Or, l'intérêt général, comprenant nécessairement tous les intérêts particuliers, se trouve par le fait même supérieur à chacun d'eux, et ces derniers, en tant qu'il ne sont que des intérêts privés, sont à leur tour forcément subordonnés à l'intérêt général qui en est la seule et la plus ferme garantie. En doutez-vous, citoyens ? En voulez vous une preuve claire comme le jour ? Eh bien, voyez ce qu'est devenu l'intérêt particulier de Louis-Philippe, le plus puissant de tous les intérêts privés, à la consolidation duquel il avait sacrifié tous les intérêts de la France, sa gloire, son honneur, ses finances ; au souffle du peuple il s'est évanoui comme une vaine fumée. Entendez-vous de toutes parts le bruit des trônes qui s'écroulent ? savez-vous pourquoi ils s'écroulent, c'est qu'ils ne reposent sur aucune base solide, le principe républicain étant le seul vrai. Nous voudrions, citoyens, pouvoir faire entendre cette vérité à tous, surtout à ceux qui croient se sauver en perdant la république, en lui retirant leur appui et leurs trésors. A quoi leur servirait, nous vous le demandons, d'avoir enfoui leur or et leur argent, si l'anarchie venait à s'établir, si à la suite de leurs injustes prétentions, de leurs sourdes menées, la guerre civile venait à s'allumer. C'est alors qu'ils se trouveraient en présence de ceux qui ne possèdent rien, qui n'ont que leurs bras et leur désespoir, des masses enfin qu'ils espèrent encore soulever. Mais ne voient-ils donc pas, ces ennemis obstinés de la république, que sans cette dernière, notre seule ancre de salut, notre unique espoir, ils seraient brisés en un instant au simple contact des masses populaires qui, après tant de souffrances, de privations, de déceptions de toute sorte, pourraient bien finir par se déchaîner comme les vagues en fureur et tout engloutir sur leur passage. L'intérêt particulier, s'il veut se soutenir, doit donc nécessairement se subordonner à l'intérêt général. Eh bien ! c'est précisément cette subordination de l'intérêt particulier à l'intérêt général qui constitue la vertu du citoyen, seule base de la république, comme le déclare l'illustre Montesquieu, et sans laquelle l'ordre social est impossible.

D'un autre côté, l'intérêt général n'étant que l'ensemble des intérêts particuliers, ceux-ci sont nécessairement parties intégrantes de l'intérêt général ; ils ont donc tous ce dernier pour base, pour substance d'eux-mêmes. Sous ce rapport, l'intérêt général devient le droit commun ; celui-ci étant le même pour tous, il s'ensuit que l'égalité entre tous les citoyens est de droit commun. Maintenant, cela posé, il devient manifeste que sans la jouissance de ce droit, il serait absolument comme s'il n'était pas pour le citoyen ; le droit implique donc la jouissance du droit ; or, la jouissance du droit constitue seule la liberté ; donc la liberté elle aussi est de droit commun, par conséquent égale pour tous, donc c'est le droit seul qui donne aux citoyens la véritable liberté, la liberté positive, de même que c'est à son tour la liberté qui réalise le droit.

Puisque tous les intérêts particuliers, ou les citoyens qui les représentent, sont de même substance, et ont la même base, il est plus qu'évident qu'ils sont de même nature ; ils sont donc tous frères ; ainsi la fraternité, qui n'est autre chose que l'amour et le respect de soi-même dans son semblable, résume en elle l'égalité, la liberté, et devient par là l'expression la plus sublime du principe républicain ou si l'on veut du principe divin qui, comme nous allons le démontrer, ne fait avec ce dernier qu'une seule et même chose.

La liberté, en tant qu'elle est pour le citoyen la jouissance du droit commun, se trouve naturellement déterminée par le rapport de l'intérêt particulier à l'intérêt général. Ce rapport a donc pour base, pour raison identique l'intérêt général, et pour termes particuliers les intérêts individuels ; l'ensemble de ces rapports constitue ainsi l'ordre public, légal, l'harmonie et la beauté du corps social ; c'est pourquoi l'ordre doit toujours être dans la liberté, et comme le principe républicain est l'unique base de l'ordre, il s'ensuit qu'il est aussi le seul principe social.

4° Il est le seul principe du progrès. Car l'individu, l'homme, le citoyen, ayant pour substance, la substance universelle ou l'intérêt général, le bien de tous, la vertu, la vérité qui sont des termes synonimes du principe républicain, doit tendre de toutes ses forces à s'identifier de plus en plus avec cette substance universelle qui est son unique raison d'être la véritable liberté ou la jouissance de soi-même. Nous avons déjà démontré que le principe universel ne saurait se déterminer et se représenter dans sa totalité, son universalité, que par la forme universelle ou républicaine, et qu'ici la forme et le fond se confondaient en une seule et même substance, en un seul et même principe. Or, ce principe étant le même pour tous les citoyens et dans tous les citoyens, il est évident que ceux-ci ne peuvent différer entre eux et se distinguer de la forme universelle ou de la république que par la forme particulière, qui, seule, constitue l'individualité. Par forme particulière, nous entendons le caractère, le génie, les facultés diverses qui distinguent l'individu. La forme universelle étant le type, l'idée et la forme génératrice de toutes les formes particulières, celles-ci doivent naturellement s'y rapporter comme à leur base commune, comme à leur principe absolu. Le rapport de la forme particulière à la forme universelle a donc celle-ci pour raison identique et pour termes particuliers les formes individuelles. Or, il est clair que plus ces dernières se rapprochent de la forme universelle ou républicaine, plus elles sont parfaites ; ce rapprochement de la forme particulière et de la forme idéale ne peut avoir lieu que par la réforme, c'est-à-dire l'amélioration de la forme individuelle se multipliant par son propre principe, la forme républicaine qui, seule, constitue le droit, la liberté et la véritable unité. Il est impossible de concevoir autrement le progrès. Ainsi, plus un citoyen représente en lui la république, plus il en fait sa propre substance, plus il se développe, se perfectionne, plus il acquiert de puissance en droit comme en liberté. Voilà pourquoi la différence qui se trouve entre un simple citoyen et Dupont de l'Eure ou Lamartine, comme celle qui existe entre un simple calculateur et Keppler ou Arago est absolument identique à celle qui se remarque entre l'unité simple et l'unité élevée à son extrême puissance. Cette progression ascendante de l'homme vers le bien de tous ou l'universel n'a d'autre limite que l'infini qui en est la base. Ainsi, Aristote avait parfaitement raison de dire que le seul but de la république, de la démocratie, c'est la liberté, c'est-à-dire la jouissance ou le libre développement des droits de l'homme. Ceci nous explique le motif qui fait que toutes les monarchies, quelle qu'en soit la forme, ont en horreur le progrès, la réforme, c'est que la réforme et le progrès sont en effet pour elles une question de mort ; mais que les despotes accordent ou non le progrès au peuple, il faut qu'il ait lieu en dépit de leur résistance, parce que l'humanité ne peut pas plus reculer qu'un fleuve remonter vers sa source, car c'est Dieu même qui la conduit.

3° Le principe républicain est le seul principe philosophique. La philosophie a pour objet la recherche de la vérité. Or, de même, qu'il n'y a qu'un seul principe qui soit vrai, l'universel, de même il ne saurait y avoir qu'une seule vérité universelle et absolue à laquelle toutes les autres vérités se rapportent comme à leur base commune. La recherche de la vérité est évidemment de droit commun, car hors de la vérité il n'y a de salut pour personne. Tout homme doit donc rechercher la vérité, c'est-à-dire chercher à se connaître soi-même. Il est évident que la vérité absolue doit se trouver en nous, ne fût-ce que d'une manière latente ; car autrement comment pourrions-nous la trouver, vu qu'il est impossible à qui que ce soit de sortir de son propre moi, de sa conscience, de sa raison, sans perdre à l'instant même sa qualité d'homme. Mais pour que cette recherche soit possible, c'est-à-dire pour que l'homme ait la jouissance du droit imprescriptible, de rechercher la vérité, de se connaître soi-même, il faut nécessairement qu'il en ait la liberté ; il faut donc que la liberté de penser lui soit accordée dans toute sa plénitude ; sans cette condition il lui devient impossible d'atteindre jamais à la vérité. La philosophie a donc pour base la liberté de penser. Or, la liberté de penser, pour être réelle a besoin d'être déterminée, parce que autrement elle serait tout-à-fait insaisissable, elle serait enfin pour l'homme comme si elle n'était pas. Cela posé, il est évident que ce par quoi elle peut se déterminer ou plutôt se réaliser, ne saurait être que le rapport de la vérité particulière à la vérité suprême, de l'intérêt particulier à l'intérêt général, ou du fini à l'infini ; or ce rapport, ce point de jonction du particulier au général, c'est ce que l'on nomme raison ; c'est donc la raison seule qui détermine ou réalise la liberté de penser, qui la rend positive et concrète : ainsi sans raison point de liberté. En effet, qu'est-ce que la liberté sans la raison ? Le désordre, l'anarchie, la licence, et par suite, la tyrannie. Quest-ce que la raison sans la liberté ? C'est la raison du plus fort, l'oppression, l'esclavage, le despotisme ; c'est ainsi que les extrêmes aboutissent au même résultat. Prenez dans une main un charbon ardent et dans l'autre un morceau de mercure congelé et vous éprouverez la même sensation, celle que cause une vive brûlure. Ainsi point d'extrêmes, et ne séparons jamais ces deux choses qui n'en font qu'une : la liberté et la raison. La suite des rapports des vérités particulières à la vérité suprême constitue donc l'ordre rationnel, dialectique ou logique des idées, en un mot l'évidence géométrique à laquelle la pensée est tenue de se conformer, sous peine de tomber dans l'absurde. Il n'est pas permis en effet de penser que deux fois deux ne font pas quatre, ou que les trois angles d'un triangle ne sont pas égaux à deux angles droits.

D'un autre côté, la vérité suprême étant nécessairement aussi la suprême réalité, l'être par excellence, principe universel infini, de tous les êtres finis, il s'ensuit que tous les actes de l'homme doivent se rapporter à l'être suprême, comme les idées à la suprême vérité qui, avec ce dernier, ne fait qu'un seul et même être. C'est donc le rapport des actes humains à l'être divin qui constitue l'ordre moral, la loi de la conscience, contrairement à laquelle il n'est pas plus permis d'agir qu'il n'est permis de penser contrairement aux lois de la raison. Ainsi, la philosophie a pour base la liberté et pour but la vertu, de même que la République a pour base la vertu et pour but la liberté.

6° Il est le seul scientifique. En effet, toute science a pour objet l'étude d'une vérité plus ou moins générale à laquelle se rapportent d'autres vérités particulières. Les rapports de ces vérités secondaires à la vérité générale objet de la science, donnent ce que nous appelons les lois ou formules scientifiques. Ainsi, sans qu'il soit besoin d'entrer ici dans de plus longs développements, on voit déjà par le fait même que la méthode scientifique ne diffère pas au fond de la méthode philosophique, et que, par conséquent, le principe scientifique est identique au principe républicain.

7° Il est le seul artistique. L'art a pour but la réalisation de l'idéal, or, l'idéal en soi, c'est la beauté suprême, la forme de toutes les formes qui ne fait avec la suprême vérité ou le principe universel qu'une seule et même chose. Puisque l'idéal en soi c'est la beauté suprême, la forme génératrice de toutes les formes, il est évident que l'homme ne peut y atteindre que par la forme particulière dont la forme suprême est la base et la substance. Il suit de là que, plus la forme particulière se rapproche de la forme idéale, plus l'œuvre de l'art est belle, de même que plus le citoyen représente dans sa personne la République, plus il est parfait, plus il est accompli.

8° Il est le seul vraiment religieux. On ne saurait en effet concevoir Dieu que comme être universel, principe et substance de tous les êtres particuliers, auquel ces derniers se rapportent comme à leur base. Le rapport de l'être fini à l'être infini, ou le rapport qui lie l'homme à Dieu, constitue donc ce que tous les peuples appellent religion. Or, l'être universel ne faisant avec le principe universel qu'une seule et même chose, il s'ensuit que le principe religieux et le principe républicain sont absolument identiques et que par conséquent la véritable religion et la vraie république reposent sur la même base : la liberté dans les limites du droit commun ou de la raison.

A l'égard de ce principe fondamental, la véritable philosophie qu'il faut bien se garder de confondre avec la philosophie sophistique, sceptique, empirique ou éclectique, la première ayant pour base l'infini et la seconde le fini qui n'est pas un principe, n'a jamais éprouvé la moindre altération, à partir de Socrate jusqu'à Schelling. Le γνῶθι σέαυτον n'est autre chose au fond que la proclamation du véritable principe républicain. O homme, connais-toi toi-même, non-seulement comme être particulier, isolé, mais aussi et surtout comme être social, comme citoyen possédant dans la raison le principe infini et divin auquel tu es tenu de conformer tes pensées et tes actes. De là, la haute morale qui caractérise la philosophie de Socrate. Elle n'avait d'autre but que de conduire l'homme à la vertu au moyen de la véritable liberté, celle que donne la raison pure. Ce principe était d'une évidence telle, que toutes les écoles philosophiques de la Grèce, sans même en excepter celle d'Épicure, quelles que fussent d'ailleurs leurs divergences sur d'autres points secondaires, étaient unanimes pour proclamer la vertu en principe, et quiconque n'admettait pas ce principe, était impitoyablement expulsé de leur sein.

Platon, dans tous ses dialogues, ne fait que développer et commenter la pensée de Socrate ; de là, la guerre implacable qu'il fit aux sophistes d'alors qui, comme ceux d'aujourd'hui, rapportant tout à l'intérêt privé, agissaient et parlaient en véritables ennemis de la république. Dans son Gorgias, par exemple, il soutient que la rhétorique doit avoir pour base et pour but la vérité et la justice. Pourquoi ? c'est que la justice n'est autre chose que l'égalité, la garantie et la jouissance du droit de tous : or, c'est précisément là le véritable principe républicain, Aussi, déclare-t-il à la fin du même dialogue, que la tyrannie, qui est ici synonyme de royauté, constitue le plus grand de tous les crimes politiques, parce qu'elle personnifie l'injustice, sacrifie l'intérêt général à l'intérêt privé, et devient par là la source de tous les maux qui désolent les sociétés humaines. La royauté et la vertu ne peuvent subsister ensemble ; elles s'excluent mutuellement.

Presque tous les auteurs grecs, y compris Aristote lui-même, sont de cet avis et ont écrit dans ce sens. Voilà ce qui explique la haine implacable que les anciens portaient à la tyrannie. Il suffit pour s'en convaincre de lire attentivement Plutarque. L'amour de la vertu, la haine des tyrans, tel est, dit-il, le fond de l'éducation grecque, telle est la source de l'enthousiasme sacré et du patriotisme qui animent tous les cœurs vraiment hellènes. Aussi, les auteurs grecs ne peuvent-ils être compris et réellement expliqués que par la république et sous une république.

Le christianisme n'est que la reproduction, la régénération de l'idée grecque sous forme de principe divin, infini, et comme application du droit commun à tous les hommes sans distinction. De particulier, d'isolé qu'il était, le principe républicain se transfigure dans le christianisme et devient réellement et politiquement humanitaire. Mais bientôt l'idée chrétienne qui, à sa naissance, ne fut que le prélude de ce qu'elle devait être plus tard, se trouva dénaturée par les nations et les temps barbares. Le fétichisme politique remplaça l'idolâtrie religieuse et devint la source de maux sans nombre, ainsi que de la plus cruelle oppression. L'histoire de ces sombres époques, de ces luttes fratricides est présente à tous les esprits. Le génie du mal semblait l'avoir emporté sur le génie du bien. Le feu des bûchers qu'allumait le fanatisme, le bruit des chaînes que rivaient les tyrans, les poignards qu'ils aiguisaient dans l'ombre et faisaient ensuite briller à la lueur des torches funèbres, semaient partout l'épouvante et l'horreur. Cependant, dit Schelling, le principe divin ne pouvait succomber; il se retira donc dans les régions les plus hautes de l'esprit humain comme dans un fort inexpugnable.

Descartes parut, et trois mots sortis de la bouche de ce grand génie, annoncèrent à l'humanité frémissante sous le joug l'heure prochaine de la délivrance, une ère nouvelle de liberté. *Cogito ergo sum*, je pense, donc je suis; ce qui veut dire que la pensée, l'esprit, le moi, enfin, étant le principe universel, immuable, toujours identique de l'être, celui-ci s'y rapporte comme à sa base, comme à sa propre substance. Telle fut la pensée de Descartes, en dépit de nos sophistes modernes, des psychologues et des éclectiques qui, niant la vérité et la réalité du principe universel, ne voient jamais dans l'homme autre chose que l'individu, le particulier, le fini, l'intérêt privé, ou, en d'autres termes, l'égoïsme exclusif qui est l'ennemi né de la république. Dans son fameux discours de la méthode, Descartes, déclare formellement que, selon lui, Dieu est à l'existence, c'est-à-dire à l'être, absolument comme le triangle réduit à deux angles droits est à tous les triangles particuliers. Descartes proclamait donc implicitement le véritable principe républicain ; aussi ne fut-il pas compris en France, l'inquisition et la Sorbonne ne lui ayant pas permis d'être plus explicite. Spinoza, ce valeureux champion de la liberté de penser, ce modèle du sage républicain, reprit l'idée de Descartes. Dieu, dit-il, est la pensée de l'univers, celui-ci n'est donc que l'expression divine, qui avec la pensée divine ne fait en soi et au point de vue du tout qu'une seule et même chose. *Deus est natura naturans et natura naturata*. A cette sublime proposition, qui n'est cependant que le corollaire immédiat et forcé du *cogito, ergo sum*, on sait les cris de fureur que proférèrent alors de toutes parts et que poussaient encore naguère chez nous, l'ignorance, le sophisme et la superstition.

Le génie de Kant s'éleva au dessus de toutes ces vaines clameurs. « La simple unité de la conscience dit-il, ou le moi, est le sanctuaire inviolable où réside la liberté dans toute son indépendance, ainsi que la source de toute les lois universelles que la pensée, comme raison théorique, se donne à elle-même ; en tant qu'elle est la volonté libre et pure, elle constitue, comme raison pratique, le principe suprême, auquel doivent se rapporter tous nos actes. La raison de la volonté prescrit à l'homme de se maintenir dans la liberté pure, de ne vouloir qu'elle en toute chose, de rechercher le droit pour le droit et de remplir son devoir par le seul amour du devoir. » Comme on le voit par cette citation, Kant avait trouvé l'exacte définition et l'application véritable du principe républicain ; il est impossible de s'en faire une idée plus pure ; aussi ce grand homme fut-il par ses principes, la pureté de ses mœurs, son amour de la pauvreté et de l'indépendance, un républicain accompli.

Dans son livre intitulé *le Combat des facultés*, ouvrage dont nous allons publier la traduction, et que l'on peut considérer comme son testament et sa dernière pensée, ce philosophe illustre proclame hautement le droit et l'infaillibilité de la raison humaine, si longtemps méconnus, si indignement foulés aux pieds par un ombrageux jésuitisme, il ne cache pas l'enthousiasme que lui inspire la révolution de 89, et, comme temporain, il en fait le plus magnifique éloge. « La révolution française, dit-il, dans ce dernier ouvrage, n'est point seulement un fait particulier à la France, mais un fait véritablement humanitaire, car c'est l'évolution du droit naturel chez toutes les nations. Nous ne pouvons prévoir, ajoute-t-il, quelles seront pour la France les conséquences ultérieures d'une semblable révolution ; mais ce que nous savons, ce dont nous sommes parfaitement certain, c'est que si la France abandonne ou fausse jamais le principe de la liberté, quelqu'autre nation ne manquera pas de s'en emparer de nouveau et de le faire fructifier à son tour. » Kant, âgé de 75 ans, était près de descendre dans le tombeau, lorsqu'il écrivait ces lignes prophétiques, c'était en 94, au plus fort de la révolution. Le célèbre philosophe de Konigsberg avait prévu juste. La révolution française a labouré le sol de l'Europe. Arrosés du sang des martyrs, fécondés au soleil de la liberté, les principes régénérateurs du genre humain se sont rapidement propagés, malgré la résistance qu'opposait à leur développement le despotisme et la superstition. Maintenant, les peuples ayant à leur tête la France, se préparent à recueillir le doux fruit que vient de produire l'arbre de la liberté, planté en 89 par le courage de nos pères.

La philosophie de Schelling n'a pas d'autre principe fondamental que celui de Socrate, de Descartes, de Spinosa et de Kant, seulement il est plus radical encore que ces derniers. Avec une force de logique irrésistible, il prouve que tout est nécessairement dans tout, que non seulement tout est en Dieu, mais aussi, et c'est là l'important, que Dieu est en tout, *vox populi, vox Dei* ; il démontre dans son livre intitulé *Bruno ou du principe divin et naturel des choses*, dont nous avons publié une traduction, que le particulier, le fini n'a de valeur qu'autant qu'il représente et renferme en soi l'universel, que la pensée et l'être, la liberté et la raison, l'infini et le fini n'étant en Dieu qu'une seule et même chose, il ne saurait par conséquent y avoir qu'un seul principe, l'identité pure, l'unité absolue de l'idéal et du réel, de Dieu et de la nature, unité qui n'est autre que le principe républicain. Pour que la philosophie, ajoute ce célèbre penseur, pût rendre une nation vraiment grande et forte, il faudrait qu'elle eût pour unique base l'universel, le bien de tous, il faudrait que la volonté nationale confiât la direction des affaires publiques aux citoyens les meilleurs et les plus sages, qu'elle ne fît pas de l'amour de la vie, des jouissances matérielles, ni même d'une soi-disant utilité, car ce qui est utile aujourd'hui peut être nuisible demain, le mobile suprême des actions humaines ; mais, il serait nécessaire qu'elle enseignât, au contraire, la pratique de la vertu et le mépris de la mort, en élevant les âmes à la hauteur de son principe, en formant par là de grands caractères et produisant des dévoûments sublimes. Ainsi, l'on peut dire de Schelling, en dépit de ses détracteurs, les éclectiques et les jésuites, dont il a victorieusement réfuté les doctrines anti-républicaines, basées sur le seul intérêt particulier, qu'il est le plus radical et le plus républicain de tous les philosophes modernes.

Hégel n'est pas moins radical que Schelling, il est même, s'il est possible, plus explicite encore. Dans sa *Philosophie de l'Histoire*, ouvrage dont nous n'avons pu jusqu'ici publier la traduction annoncée depuis 1845, parce que le gouvernement déchu avait pris soin de nous mettre dans l'impossibilité de le faire, Hégel démontre que toutes les révolutions politiques des peuples n'ont été en réalité qu'un progrès de l'esprit humain, qu'un acheminement vers la forme républicaine. « La volonté absolue, universelle, dit-il, est celle qui veut être libre, celle qui ne veut avoir pour objet qu'elle-même ; car si elle voulait autre chose qu'elle, elle tomberait à l'instant dans la dépendance. Ainsi, la volonté qui se veut, c'est-à-dire qui veut jouir d'elle-même, constitue le fondement de tout droit, de toute obligation et par conséquent de toutes les lois comme de tous les devoirs imposés à l'homme. La liberté de la volonté universelle comme telle, devient donc le principe et la base substantielle de tout droit. Elle est en soi le droit absolu, le plus saint, le plus sublime de tous les droits, elle est en un mot ce parquoi l'homme devient véritablement homme, c'est-à-dire, le principe et l'essence de l'esprit humain. Lorsque l'état repose sur la liberté, le plus grand nombre des citoyens veut prendre part aux délibérations sur les affaires publiques. Or, qui dit le plus grand nombre, dit tous, et c'est recourir à un expédient bien misérable et commettre une inconséquence énorme que de n'accorder qu'à un petit nombre de citoyens la faculté de prendre part aux délibérations politiques, puisque chaque citoyen a le droit incontestable et doit, par conséquent, avoir la liberté de vouloir d'abord ce qu'il sera ensuite tenu d'observer comme loi. Le petit nombre, dit-on, peut représenter le grand nombre, soit ; mais l'expérience démontre qu'au lieu de le représenter, il ne fait trop souvent que l'écraser. L'empire que la majorité exerce sur la minorité n'est pas une moindre inconséquence. » De tout ce raisonnement, Hégel conclut que le suffrage universel est le seul qui soit conforme à la raison. « Donc, ajoute-t-il, de toutes les formes politiques, la forme républicaine est sans contredit la meilleure et la plus parfaite, cela ne fait plus l'ombre du doute aux yeux des esprits les plus éclairés, et même des hommes d'état les plus éminents; elle est le résultat inévitable du progrès et sa réalisation n'est plus maintenant qu'une question de temps et d'opportunité. »

Tels sont les grands principes qui ont été professés en face du peuple germanique par les esprits les plus sensés, les penseurs les plus profonds, sous des formes, il est vrai, peu accessibles au vulgaire, mais dont le secret est connu de tous les initiés, c'est-à-dire de tous les vrais étudiants. Voilà cette philosophie, que Cousin, en 1847, a accusé d'être tombée dans de monstrueuses aberrations, après nous avoir dit en 1829 qu'elle était la seule vraie. La contradiction s'explique. Eh bien ! philosophes, savants et poètes, tous se sont entendus en Allemagne pour introduire la République dans les mœurs avant de la faire passer dans les formes politiques. Schiller, dont le nom et les poésies sont devenus aussi populaires en France qu'en Allemagne, est certainement l'un de ceux qui ont le plus contribué à produire ce grand résultat.

Animée des sentiments les plus nobles et s'inspirant du plus pur amour de l'humanité, sa muse ne cesse de répéter sur tous les tons à l'Allemagne attentive et souvent attendrie : le droit c'est la liberté, nous avons le droit, pourquoi ne possédons-nous pas la liberté ?

Dans son Guillaume Tell, qui fut pour lui le chant du cygne et comme son dernier soupir, il laisse un libre cours aux émotions dont son ame est remplie; il chante la liberté telle qu'il la conçoit, telle qu'il la voit toujours, pure et belle comme la jeune vierge, comme la rose des Alpes. La haine de la tyrannie, le mépris de la mort, un dévouement sans bornes à la patrie, à la sainte cause de la liberté, voilà les sentiments qui animent tous les héros de ce drame, le plus républicain de tous les drames, car ce n'est point un personnage seulement, mais un peuple tout entier qui pose sur la scène. L'Allemagne a compris son poëte, le prophète de son émancipation politique. L'admiration que lui inspire notre belle révolution de Février vient de ce qu'elle voit dans cette dernière la réalisation de sa propre pensée ; désormais notre cause est devenue la sienne. C'est là, entre ces deux grands peuples, le gage de l'alliance qui doit assurer à jamais l'avenir de la république en Europe. Cultivons-la donc cette alliance par tous les moyens que la raison et la propagande mettent en notre pouvoir; car là seulement est le salut. Déjà Jean Muller, l'historien de la Suisse, avait parfaitement compris quelle place importante l'Allemagne, située au cœur de l'Europe, occupe dans l'équilibre général « Le poids de l'Allemagne mis dans la balance, dit ce grand historien, décidera toujours et partout de la prépondérance en politique. » Cela se conçoit facilement ; que l'Allemagne et par suite la Pologne, cette sœur chérie de la France, s'unissent à celle-ci, la Russie et l'Angleterre se trouvent complètement paralysées, et sous le coup d'un blocus continental; que l'Allemagne, au contraire, s'unisse à la Russie, à l'Angleterre, et la France se trouve isolée. Or, nous ne craignons pas de le dire, les idées, les tendances, les sympathies, les intérêts matériels de l'Allemagne en font l'alliée naturelle de la France. Pendant les douze années d'exil que, par amour de la liberté et de la république, nous avons passées dans ce pays, devenu ainsi pour nous comme une seconde patrie, nous avons pu nous convaincre de cette vérité. Malheureusement les diplomates français, au lieu de favoriser les tendances libérales de l'Allemagne, ne se sentaient de sympathie que pour les intérêts purement aristocratiques. Ils négligeaient les savants, méprisaient le peuple, et rendaient en leur personne, autant que par leur conduite impolitique, le glorieux nom de la France, presque odieux aux patriotes allemands. Il ne doit plus en être ainsi : il faut que la diplomatie, fidèle expression de la république française, change de procédé et de ton à l'égard de l'Allemagne. Si elle demeurait spectatrice impassible des luttes que cette généreuse nation soutient pour la cause sainte de la liberté, elle commettrait une faute grave, peut-être même irréparable. Rappelons-nous que plus d'une armée a été vaincue pour s'être endormie le lendemain de sa victoire sur les lauriers qu'elle venait de conquérir. Plus de paix à tout prix, ce serait faire le plus mauvais calcul et se déshonorer complètement ; car, il faut bien le reconnaître, la royauté et la république sont deux principes ennemis, entre lesquels il y a un abîme que rien ne saurait combler, et dont l'un est la négation absolue de l'autre. Une fois remis de leur épouvante, l'aristocratie et les princes allemands vont recourir à tous les expédients, exploiter les craintes et les préjugés des peuples pour ressaisir l'influence qu'ils avaient un instant perdue, reconstituer une sainte alliance et compromettre, par là, l'avenir de la république en France. Tous les tyrans se donnent la main, dit Schiller, dans Guillaume Tell, et apprennent ainsi aux peuples ce que ceux-ci ont à faire. Dans de telles conjonctures, ne songer qu'à soi ce serait faire acte de mauvais citoyen. Si tous les citoyens sont frères, toutes les nations sont sœurs. Opposons donc à la propagande des princes la propagande des peuples. Détruire les préjugés, démasquer la trahison, repousser la calomnie, remettre en mémoire aux nations leurs justes griefs, leur démontrer que nos intérêts sont bien les leurs, et nous unir pour atteindre a ce but, aux savants étrangers, aux hommes du peuple les plus influents, les plus connus par leur libéralisme, telle est la ligne de conduite que doivent tenir, surtout en Allemagne, les agents de la république. S'il en est ainsi, nous pouvons être certains de rester les maîtres du champ de bataille. Les événements qui surgissent en ce moment ne sont que le corollaire forcé et l'application des principes républicains qui sont à vrai dire les lois constitutives du monde et la base du progrès social. Ces événements n'étonnent que les esprits peu familiarisés avec les idées éternelles, qui ne savent pas quelle influence irrésistible, toute puissante, ces dernières exercent sur la marche des choses.

Maintenant que nous avons exposé les principes républicains, il nous reste à examiner les conséquences qui doivent en découler pour la France. Ces conséquences peuvent se résumer en trois points, savoir : 1º Forme de gouvernement; 2º Organisation du travail et de l'enseignement; 3º Réforme du clergé.

Nous voulons nous expliquer franchement, catégoriquement sur ces trois points essentiels, afin qu'il ne reste pas dans les esprits, le moindre doute sur la sincérité de nos intentions.

1º La forme du gouvernement devra être démocratique. Cela est incontestable. Le pouvoir exécutif devra donc reposer sur la même base que le pouvoir législatif, c'est à dire sur la souveraineté nationale ou la volonté de tous, qui est la liberté véritable. Le corps législatif étant l'expression immédiate de la volonté nationale, il devient évident pour tous, que le corps exécutif ne doit être, à son tour, que l'expression directe de ce dernir. Or, en créant une présidence à vie ou temporaire, irresponsable, on établirait de fait un second pouvoir, en face du pouvoir national, et loin d'affermir l'unité du gouvernement on la briserait, ou du moins on l'exposerait à périr bientôt à la suite d'une rivalité presque inévitable entre les deux pouvoirs. D'ailleurs, l'expérience n'est-elle pas là. Louis-Philippe, lui aussi, ne voulait être, disait-il, en 1830, qu'un président, qu'un premier magistrat, qu'un roi citoyen. La France sait maintenant ce que lui a valu la présidence d'Orléans : au dedans, dilapidation des finances, corruption, oppression ; au dehors, abaissement, honte, trahison. Ainsi, point de présidence irresponsable ; mais qu'il y ait seulement un conseil de ministres avec un président responsable. La présidence peut être utile dans une république fédérative, parce qu'alors il faut au gouvernement une unité d'action qui n'existe pas avec deux chambres ; mais dans un pays homogène et unitaire comme la France, avec une seule chambre, une présidence ne saurait être que funeste à la liberté.

Nous arrivons maintenant au second point, à l'organisation du travail. Un grand nombre de citoyens, plus ou moins intéressés dans la question, s'imaginent et disent hautement qu'il n'y a point de solution possible au problème que soulève l'organisation du travail. Eh bien ! nous disons nous, que cette solution est trouvée, et cela depuis longtemps, en Allemagne du moins. Nous dirons plus, c'est que si cette solution ne passe pas dans la pratique, ne se réalise pas, la république, comme la charte, ne sera qu'un mensonge. Voici pourquoi : c'est qu'en laissant exclusivement le capital reposer sur la tête d'un seul, ou seulement de quelques uns, la société se scinde nécessairement en deux parts ; d'un côté, ceux qui possèdent les capitaux, et de l'autre ceux qui n'en possèdent point, pour le dire en un mot, ceux qui ont quelque chose et ceux qui n'ont rien. Or, celui qui n'a rien dépend forcément de celui qui possède, car avant tout il faut vivre. Ainsi, à l'égard de la vie matérielle, nous avons, ici les maîtres, et là, les esclaves, les exploitants et les exploités. Est-ce bien là une société où doit regner la liberté, l'égalité, la fraternité. Mais me répondra-t-on, est ce que tout le monde n'est pas libre? Oui, nous en convenons, la liberté est chose adorable quand on a de quoi vivre; mais quand on n'a rien, permettez-nous de le dire, elle perd un peu de ses charmes, nous voulons bien de la liberté pour vivre; mais pour mourir nous n'en avons nulle envie, merci mille fois du cadeau. Nous croyons qu'il en est à peu près de même de l'égalité; quant à la fraternité, nous répèterons ce qu'Achille disait à Hector : entre les lions et les hommes, les loups et les agneaux, il n'y aura jamais accord, mais toujours haine implacable. Non, nous le proclamons au nom de l'éternelle vérité, de l'humanité, au nom du peuple dont nous sommes ici l'organe; non, sans l'organisation du travail, sans une réforme large, profonde, radicale, commandée du reste, par le principe républicain, ces trois mots : *Liberté, Égalité, Fraternité,* ne sont pas seulement de vains mots, mais un véritable blasphême. Cette solution, cette réforme à laquelle on ne veut pas croire, peut se définir en trois mots : rendre le capital social, sans porter atteinte aux droits sacrés et inviolables de la propriété, c'est-à-dire le rendre à ceux à qui il appartient de droit, aux producteurs, aux travailleurs. Nous n'établissons pas ici de catégories, quand nous disons travailleurs, nous entendons par là tous ceux qui travaillent à la production, que ce soit des mains, des bras, des pieds, de la tête, peu importe; tous ont droit au capital et tous y ont droit également, parce que tous ont le droit de vivre honorablement, comme il appartient aux enfants de la grande famille dont se compose la France. Nous allons le démontrer d'une manière péremptoire. Qu'est-ce que le travail sans le crédit? La misère, la mort. Qu'est-ce que le crédit sans le travail? La stérilité, puis la misère et enfin la mort. Ainsi, sans travail, point de crédit et sans crédit point de travail.

Le crédit est donc l'aliment du travail. Oui, disons-le bien haut, c'est le pain du travailleur, et le capitaliste qui cherche à réaliser un gain illicite, exagéré, non seulement en empochant le bénéfice du travail, mais encore et surtout en rognant le salaire de l'ouvrier, eh bien! celui-là, savez-vous ce qu'il fait? Il dévore la chair, il boit le sang de son semblable; celui-là, c'est un tigre sous forme humaine. Voilà pourquoi le Christ a maudit les riches injustes, parce que ce sont eux la cause de tous les maux qui désolent l'humanité. La République, notre mère à tous, pouvait seule remédier à l'abus de la richesse. Elle y remédiera, soyons-en sûrs. L'ouvrier aura non seulement son salaire entier, mais encore il participera au bénéfice de son travail. Quand le capital sera devenu social, qu'il ne sera plus le partage exclusif d'un seul, que tous les travailleurs seront associés, tous ils prendront part au banquet de la vie dont eux seuls font les frais; ils seront heureux, parce qu'ils ne vivront plus au jour le jour, ne dépendront plus du caprice d'un maître que la cupidité ne rend que trop souvent cruel, parce qu'enfin ils n'auront plus à courir les chances désastreuses d'un avenir incertain. Ce n'est point là une utopie, c'est une nécessité de l'époque. En fondant les ateliers nationaux, le gouvernement a déjà pris une heureuse initiative en ce sens; bientôt l'organisation du travail sera constituée dans toute la France. Courage donc, ô peuple magnanime; ne te laisse plus égarer par les sophistes; écoute la voix de tes apôtres, de tes amis; choisis-les pour tes représentants, tu les reconnaîtras non seulement à leurs paroles, mais surtout à leurs œuvres. Place-les sous l'égide de ton amour immense, de ta force invincible et la République fera ton bonheur, c'est-à-dire le bonheur de tous par la liberté, l'égalité et la fraternité.

Quant à l'enseignement, une fois le principe républicain admis, la question ne présente plus de difficulté sérieuse. En effet, de même que tout le monde a droit à la vie matérielle, de même tout le monde a droit à la vie intellectuelle, et cela, par le motif que, dans l'homme, l'âme et le corps étant chose indivise, l'un ne doit pas aller sans l'autre. Un prélat ne dédaigne pas plus un bon dîner qu'une instruction spirituelle. Pour que l'enseignement puisse profiter à tous, il doit être autant que possible gratuit. La liberté de l'enseignement dont on fait tant de bruit, n'est pas non plus la mer à boire. D'abord il y a une condition *sinè quà non*, c'est que celui qui veut enseigner la science aux autres, commence par la posséder lui-même, car il est évident qu'on ne peut, ni donner, ni transmettre ce qu'on n'a pas soi-même. L'état qui représente l'intérêt général, c'est-à-dire les intérêts de tous, a donc le droit d'exiger de la part du professeur, des garanties de capacité, d'instituer, par conséquent, des examens et des concours publics, ouverts à tous, où le mérite et le talent puissent se produire ; nous dirons de plus que l'Etat a le droit de surveillance, parce qu'il n'est pas plus permis à l'individu de professer des doctrines évidemment perverses ou hostiles à la république qu'il n'est permis à un apothicaire de vendre des poisons, les unes tuant l'âme comme ceux-ci le corps. Cela posé, nous disons que la liberté d'enseignement doit être complète et qu'il faut appliquer à l'organisation du travail intellectuel, comme à l'organisation du travail matériel, le principe de l'association et de l'égalité du salaire, selon les capacités.

Nous touchons maintenant au troisième point, la réforme du clergé catholique. C'est là une réforme éminemment essentielle, car tant qu'elle n'aura pas lieu, le clergé, qu'il le veuille ou non, sera par son principe l'ennemi de la République. Le clergé, dit Hegel, tant qu'il ne sera pas réformé, rend en France toute constitution libérale impossible. La raison en est évidente. Quel est le principe du clergé tel qu'il existe aujourd'hui? C'est l'obéissance passive, l'anéantissement complet de la volonté, de la raison, de la liberté de penser, enfin de tout ce qui fait que l'homme est vraiment homme ; pour être parfait, il faut que le religieux se fasse cadavre, *fiat ut cadaver*, comme disent les jésuites; et ce but, ils ne l'ont que trop malheureusement atteint. Le catholicisme, tel qu'il est constitué aujourd'hui, est-il autre chose qu'un corps sans âme, une lettre morte? Après être sorti des mains du peuple, il en est devenu comme la royauté, l'ennemi implacable. Il s'est fait le tyran de la conscience, de l'âme, comme la royauté s'est faite le tyran du corps. Aujourd'hui, l'autel et le trône ne font qu'un, c'est là un fait irréfragable que nul ne saurait contester. Eh bien! il faut maintenant que l'esprit de liberté, le véritable esprit divin qui a rendu le trône au peuple lui rende aussi l'autel, il faut que cet esprit tout puissant ranime de son souffle régénérateur ce corps inert du catholicisme. Oui, il faut que le clergé, s'il veut vivre, reçoive de nouveau le baptême, non seulement au nom du Père, du Fils et du Saint-Esprit, mais aussi au nom de la liberté, de l'égalité et de la fraternité, c'est-à-dire qu'il revienne au principe qui lui donna naissance. Il ne faut plus que l'évêque qui, dans l'origine, n'était qu'un simple surveillant nommé par le peuple, jusqu'au septième siècle, touche quinze, vingt, quarante, quatre-vingt mille francs, tandis que le pauvre desservant de campagne, cet ilote des temps modernes, cet homme cependant qui pourrait être si utile, peut à peine vivre. Il est nécessaire enfin que chacun jouisse de sa liberté dans la mesure de son droit. Or, le droit commun est le même pour tous; tous, par conséquent, doivent en avoir la jouissance ; tous peuvent donc se marier, car la faculté de se reproduire est de droit commun. Toute loi diamètrement opposée au droit naturel qui, avec le droit divin ne fait qu'une seule et même chose, est comme nulle et non avenue, c'est évident. Le célibat doit donc être libre. Voilà pourquoi Luther se maria avec une religieuse ; ce fut de sa part une protestation contre la loi du célibat, loi immorale au premier chef. Que le clergé donc redevienne vraiment libre, et il redeviendra véritablement chrétien.

Telle est la philosophie de la république. En-dehors de celle là, il n'en existe pas d'autre qui repose sur un principe vrai. Ces grands principes, dont nous venons de donner l'exposé sommaire, nous les professons, non depuis hier, mais depuis vingt ans. C'est pour être demeuré fidèle à nos convictions profondes, à la sainte cause du progrès et du peuple que nous avons été contraint d'aller demander à la terre étrangère le pain et la protection que la tyrannie du gouvernement déchu et un fanatisme stupide nous refusaient sur le sol natal. Des bords du Rhin aux rives de la Vistule, des plaines de la Hollande aux plaines du Danube et de Marathon, nous avons étudié et consulté les peuples. Partout nous avons retrouvé au fond des cours, au sein des masses populaires, comme dans un sanctuaire inviolable, les principes républicains, l'amour sacré de la patrie et de la liberté, la haine des tyrans, les mœurs les plus pures, presque toujours la vertu et souvent l'héroïsme. Il y a des exceptions sans doute, mais ces exceptions ne concernent que les individus, que le petit nombre. En somme, les masses sont restées pures. Les rendre responsables des vices de certains hommes, c'est les calomnier, c'est faire preuve d'un mauvais esprit de dénigrement et méconnaître complètement ce que c'est qu'une nation. D'ailleurs, la vertu des classes privilégiées est-elle aussi intacte que celles-ci veuillent bien le dire ? N'ont-elles rien à se reprocher, elles qui vivent et s'engraissent du sang et de la sueur des malheureux. S'il était permis de soulever le voile brillant dont certains hommes savent couvrir leur vie privée, si l'on pouvait éclairer d'une lumière soudaine les ténèbres dont ils ont l'art de s'entourer; quel spectacle ne s'offrirait pas souvent à l'œil épouvanté? La débauche la plus honteuse, le viol, la rapine, toutes les odieuses passions qui dégradent l'homme n'élèveraient-elles pas une voix accusatrice? Cependant, qui oserait adresser aux classes éclairées, prises dans leur ensemble, le reproche d'immoralité? Personne. Pourquoi? C'est que le bien fait la règle, constitue le principe, tandis que le mal n'est qu'une exception à cette règle, à ce principe. S'il en était autrement, le progrès serait un non sens. Il est donc absurde d'englober les masses qui composent à elles seules la majorité d'un peuple dans une pareille accusation. Mais si les riches ont, sous le rapport de la moralité, un certain avantage sur les pauvres, d'où leur vient-il? Apparemment de l'éducation et de l'aisance dont ils jouissent. Eh bien! que les grands de ce monde accordent aux classes déshéritées, ignorantes, l'éducation, qu'ils abandonnent à celles-ci un peu du superflu dont ils n'ont pas besoin et la société toute entière sera bientôt à l'unisson, et c'est alors que par la liberté, l'égalité et la fraternité, nous arrivera enfin le règne véritable de Dieu.

Cæn, imp. de Ch. WOINEZ.

www.ingramcontent.com/pod-product-compliance
Lightning Source LLC
Chambersburg PA
CBHW060549050426
42451CB00011B/1822